Zur Erinnerung
aus Markgräflerland

Sept 54

Christa Heimann-Buß

Herztröpfli

Zeichnungen von
Kianusch Yazdanfar

Zweite Auflage

Druck und Verlag: resin GmbH & Co. KG, Binzen
Zeichnungen: Kianusch Yazdanfar
ISBN-Nr. 3-923066-34-1 / 1992

Das Büechli widme i, in Liebi un Dankbarkeit,
mine drei "Heimänner":
Im Artur, im Markus un im Oliver.

Vorwort

Nun ist es soweit, das Gedichtbändchen ist fertig und es liegt sauber gebunden vor uns. Mir wurde die Ehre zuteil, ein Vorwort zu schreiben.

Zu Füßen des Blauen, stolz gekrönt von Schloß Bürgeln, liegt in einer fruchtbaren Talmulde, Sitzenkirch. Ein Ort mit wechselhafter, stark geprägter Geschichte und liebenswertem Charakter. Man möchte meinen, daß sich Sitzenkirch langsam zum " Dichternäscht" entwickelt.

In den Reigen der alemannischen Lyrik und Prosa nehmen wir eine Dichterin auf, die durch ihre bescheidene und freundliche Art, unsere Herzen erobert hat. Christa Heimann ist fest mit der heimischen Scholle verwurzelt, dies drückt sich in einer großen Liebe zum Markgräflerland aus. Ihre Gedichte sind sehr vielseitig. Das dörfliche Geschehen, die örtlichen Vereine, besondere Ereignisse, aber auch viel Heiteres, werden von ihr in Verse gekleidet. Besinnliche Worte zum Nachdenken, fügen sich in die umfangreiche, stark gefärbte Palette ihres Schaffens. Christa Heimann steht mit beiden Beinen fest im Leben, sie befasst sich mit den Problemen in dieser Welt. Die immer kälter werdende Menschheit, geprägt vom Egoismus, die auch unsere Region zerstörenden Umwelteinflüsse und die Vernichtung der Natur. Diese Themen sind ihr sehr wichtig und sie bringt sie in ihren Gedichten zum Ausdruck.

Das Gedichtbändchen soll uns viel Freude schenken, aber auch nachdenklich stimmen und zur Rückkehr bewegen.

Thomas Hofer

Nun möchte ich ihr noch ein kleines Wort einer
Dichterkollegin mitgeben:

"So gohts weltii, weltuus, nit allwyl wie du witt,
Er füehrt eim über Gröll un schöni Stroße,
Un findsch villicht au unterwegs e Rose,
Se freu di drab un nimm si dankbar mit."

(aus "Unse Erdeweg" von Marga Vogel
geb. 15. Mai 1892 in Schopfheim)

Zuem Geleit

Zäh Johr möges her si, as i d'Christa Heimann - Buß chenne lehre ha dürfe un ärfahre ha, daß si au Värsli schribt.

Mir sin mitenander in ere Veranschdaldig vom Hebelbund z Lörrech gsi. Heimeszue hän mir agchehrt, wie's halt eso dr Bruuch isch. Dört het mr ihre Ma, dr Artur, verrote, weisch het är gsait, d Christa dichtet au. Churz druff ha i in Marzell e Dichterläsig gha. Spontan ha i gsait zue ihre, do dezue bisch härzlich iglade. Es isch deno ihre erschte größere Uftritt gsi un sie isch acho. D Gäscht un i sin begeischteret gsi vo ihre gerimte Gedanke. Me het sofort gspürt, do isch öbber, dä dr Welt öbbis z sage hett.

"E menges isch vo schwerem Bluet
un s ander hell un voller Muet."

So schribt sie hütt vo sich sälber. Un wenn me ihri Gedicht liest, so sin die zwei Ziile zueträffend für ihr geischtiges Wirke.

Christa Heimann - Buß isch e eifache Mensch. Sie erläbt aber dr Wald, dr Blaue, d Räbe, d Matte, d Blueme, ihri Mitmensche, ihri Umwelt un das was sie bewegt intensiver als vieli Anderi.

Sie isch ufgwachse z Sitzechilch, im e chleine suubere Dörfli, wohnt hüt z Chander. Isch Huusfrau un Muetter, tribt no e Lädeli um, isch aktiv in Vereine un was ärschtaunt, sie nümmt sich no Zitt zuem Dichte.

7

Im müetterliche, sichere Instinkt für s Echte, für s Wahre un in Sorg für ihri Familie, ihri Mitmensche, ihri Wält um sie umme, schribt sie numme das, was sie mueß. Sie füehlt sich verpflichtet dem Erbe vo üsere alemannische Dichtung.

"Härztröpfli" sin ihri Värsli. I find es isch e wirksami un gueti Medizin, das was üs Christa Heimann - Buß in ihrem Buech verschribt.

Wär ihri Rezäpte iilöst un au iinümmt, däm Patient cha in viele Lage ghulfe werde. Denn das was sie verschribt, do derzue het sie sicher e Uftrag gha un isch innerlich do derzue ufgruefe worde.

Au i hoff un wünsch, daß die " Härztröpfli" vo dr Christa viele Freud bringe un hälfe chönne mängis liichter zue ärtrage in ere wenig friedvolle Welt. I wünsch ihre un ihrem Buech, as es das bewirke darf, was sie sich selber ärhofft.

Für ihr witteres geischtiges Wirke un Schaffe wünsch i dr Christa Heimann - Buß mit eme Värsli vo dr Lina Kromer us em Nochberdorf Obereggene alles Gueti un viel Erfolg.

> "Lang vor dr erste Sunne,
> lang nonem letschte Meer
> ruscht näume selle Brunne,
> würd dur kei Schöpfe leer."

Marzell im Juni 1992   Günter Wagner

Chönne

Chunscht des duet vo Chönne cho;
wegedem stand i jetz do,
due eweng de Dutteri ha,
will i halt nit "Chönne" cha.
Doch mir blibt als Troscht allzit,
daß es keini Meischter git
wo fertig dört vom Himmel keie.
Nei, es duet e Mengs verheie
wo einer macht, wo meint, er chas;
doch git's all e neui Chance
un di mueß me deno nutze,
sich au selber d'Fedre stutze.
Langsam erscht soll alles cho,
besser werde, nodeno.
Letschtenends do glaub i dra,
daß i au mol "Chönne" cha!

Zweuerlei Herztröpfli

Mengmol duet eim d'Pumpi weh,
no mueß me defür Tröpfli neh.
Doch mengmol hilft als Medizin
au e Spruch mit heit'rem Sinn.

Mengmol aber duet's au guet,
wenn me b'sinnlich in sich rueht.
E Mensch wo au mol 's Stillsi schafft,
git sim Herze neui Chraft.

Zuem andre aber sin:

Us mim Herze Tröpfli g'heit
un hän sich in dem Buech verstreut.
E menges isch vo schwerem Bluet,
e anders hell un voller Muet.

So wie's mr halt im Gfüehl no goht.
Öb grad e Burdi vor mr stoht
oder öb mi 's Glück verschmutzt:
Die Tröpfli hän mr d'Chuttle butzt.

I wünsch mr drum, si seie Bruck
zuem Nochber hi un zue mr zruck,
dien Freud vergeh - sin Medizin,
no het das Büechli au e Sinn!

Heimet

I lieb mi Heimet,
's cha mr's niemes neh.
Si isch mi Lebensbode
un duet mr Friede geh.

Mi Heimet

Wenn i an mi Heimet denk
hör i 's Herzbluet rusche.
Heimet isch für mi e Gschenk -
i wott mit keinem dusche.

D'Heimet isch mr allewil
Schutz un Lebensode.
Sinn un tracht no einem Zil:
Markgräflerland un Bode.

Wurzle zue de Ahne göhn
uf geheime Wege
un au mini Chinder stöhn
scho uf sell're Stege,

Wo eim sicher obsi füehrt
im alte Wese bunde.
Ein wo's Heimetgfüehl verliert,
dä isch ganz witt unte.

Heimet isch soziales Netz,
git Sicherheit im Lebe.
Duet im Geschtern, Morn un Jetz
Mensche zemme webe.

Wenn i an mi Heimet denk
hör i 's Herzbluet rusche.
Heimet isch für mi e Gschenk -
i wott mit keinem dusche!

D'Chander

Wie e Mäander, so duet si sich winde
un duet de Wälder mimm Rebland verbinde.
Mit Pappele gsumt, e silberig Band,
durfließt si 's schöne Markgräflerland.

Us dunkle Tiefe am Blaue entsprunge,
hän Schwarzwaldtanne ihr 's Wiegelied gsunge
un d'Egerte ab weiht chlüslig de Wind,
wenn Morgesunne Liechtfäde spinnt.

In Chander vorne, bi uralte Brucke,
do mueß des Flüßli sich all eweng ducke.
Die glasklare Welle glitzere froh
un dien dem Städtli Pateschaft stoh.

Die duschteri Wolfsschlucht un grüenendi Aue,
dien d'Menscheauge uf's neue erbaue
un wogendi Felder zeige'nis a,
wie Gott si Sege verschwende cha.

Goht spot im Elsiß dört d'Sunne rot unter,
so ruscht un gütschlet mi Chander no munter.
Ihr Zil het si g'funde, mimm strömende Rhi
zieht si in ferni Weltgschichte dri.

Ich aber will mi Heimet do bhalte,
will si sorgsam umhege, verwalte.
Kei Platz uf de Welt cha lieblicher si
wie 's Ländli zwüsche Blaue un Rhi!

Sitzechilch

Vom Mohresattel vo de Chanzle,
lueg i ins Dorf im Talesrund,
sieh Schatte wie vo Chappefranzle
im Händlige un Frauegrund.

E Waldchranz duet mi Dorf umschließe,
wo d'Breiti uf de Höchi bricht,
de Lippisbach duet's Tal usfließe
un glitzeret im Gegeliecht.

Dört uf de Stelli blüehje d'Chriesi
un 's Feld grüent früsch im Ackerchlee,
i schmeck vom Früehlig d'Sunnesüeßi
un spür de Rescht vom Blaueschnee.

Un 's Bammerthüsli ohni Rebe,
es stoht verlore dört am Rai,
wie d'Suseburg - vergange Lebe -
un g'hört doch dri in unsri Gmei.

In d'Gmei mit ihrem gliiche Lebe,
wo Chloschtermuure trutzig stöhn,
wo Hüserdächer Muschter webe
un d'Mensche no zuem Nochber göhn.

I wünsch dr allzit e Gottwilche
un blib dr treu in minem Wort:
Du Dörfli mit de chleine Chilche,
du Sitzechilch, mi Heimetort!

Zue de Iweihig vom restaurierte Müehlirad
(Erntedankfescht 1989)

No lange Johre stillem stoh
duet jetz das Müehlrad wieder go.
Lebendig Wasser bruscht vom Wehr
un tribt des Rad, so alt un schwer.
E ruehjge Pol in schneller Zit
wo mahnt: Vergiß 's Erinnre nit.

Vergiß nit, daß di täglich Brot
nit selbschtverständlich isch un Not
au hüt no Mensche chnechtet, druckt
un Menge sich no Ähri buckt,
die dir kei Sichleschlag me wert;
mir hän e übervolle Märt.

Für unsri Ahne, lang so lang,
do isch de stete Müehlrad Gang
e Gsang gsi, dä de rechte Lohn
verheiße het für schweri Frohn
uf Ackerscholle, uffem Feld,
in ihrem Dorf un chleine Welt.

Mir wenn an ihne 's Beispiel neh,
mit offne Auge wieder seh
wie Frucht us dunkler Fuehre sproßt,
de Herrgott alles wachse loßt,
was unsereins zuem Lebe brucht;
Er het is no kei mengmol g'strucht.

18

So lauf halt denn un due is chund,
voll Sege si soll jedi Stund,
in dere me mit frohem Muet
si uferlegtes Tagwerk duet;
im gliiche Gang un ohni Hascht -
no schafft sich au e schweri Lascht.

Geschtern, Hütt un Morn
(E Zitteboge zuem 200. Geburtstag vo de
Sitzechilcher Chilcheuhr 1988)

E alti Markgräflere:

Ich stand vor euch - d'Vergangeheit -
's isch viiles wo mi Achsle trait,
denn Müehj un Arbet het mi druckt
un mengmol ha i mi au buckt
vor hoche Herre un de Chilchemacht,
die g'lebt hän in Verschwenderpracht.

Doch het mr 's buckle nit viil brocht,
die hän is witter unterjocht
un hän uns dur zweuhundert Johr
in Chrieg hi g'hetzt un Not un Gfohr.
Sie gän Befehl un beuge 's Recht,
denn Herr isch Herr un Chnecht blibt Chnecht.

Zwar ha i au de Ufstand probt
un ha de Mensche Freiheit g'lobt.
Ha mitem Hecker Hand in Hand
no g'chämpft für's freie Badnerland.
Ha demokratisch denke g'lehrt,
's politisch Wüsse langsam g'mehrt.

Für immer het's kei Freiheit brocht,
me het is wieder unterjocht.
Die schlimmschti un die längschti Nacht
verdank i no de brune Macht.
Statt Wohlstand - Elend, großi Not,
statt Freiheit - stoht am End de Tod.

I ha mi langsam bloß erholt,
mit Fliiß deno gli Bilder g'molt
vo neuer Zuekunft - hell un froh -
un wünsch, daß d'Gegewart mag stoh
uf starke Bei, in sich'rer Zit,
wo's nümmi Chrieg un Händel git.

Ich tritt jetz ab, vo Wehmuet bloß e Spur,
un gang dört zue de Chilcheuhr.
Die mißt die Zit im gliiche Mäß
un seis e Sie, e Er, e Es,
wenn d'Zit chunnt mien si alli go,
wie ich - un eins im andre no.

E junges Paar:

Mir zweu stöhn für d'Gegewart.
'S Dosii, d'Zuekunft hän sich paart
un gän im Lebe Sinn un Zil.
Mir wünsche un mir hoffe viil
un sueche doch in ruehjger Stund
mengmol unsrer Wurzle Grund.

Drum, was d'Vergangeheit uns git
nemme mir in d'Zuekunft mit
als Grundlag für e Lebensplan
un hoffe, daß kei neue Wahn,
kei neue Chrieg uns des zerstört,
was jetz zue unsrem Lebe g'hört.

Doch andri Gfohre dien sich uf
un leider achtet me nit druf:
De Mensch dä duet jetz nebebi
de ärgschte Feind sich selber si.
Zerstört si Umwelt, Stuck für Stuck
und bricht am End die letschti Bruck.

No git's kei Zruck me, brüellt er no so wild,
deno het Gottes Ebebild
sich selber do uf dere Welt
gedankelos ins Absits g'stellt.
Un wie's im Wald - de Tierwelt goht -
am Endi stoht de Mensche Tod.

Doch so witt brucht'is doch nit cho.
Wenn mir uns b'sinne un deno
mit frohem Muet un starker Hand,
mit Liebi un mit Sachverstand,
all wieder no Gottvadders Sinn,
uf unsri Erde achte dien.

De Bode pflege, d'Planze, Tier
un d'Menscheseele für un für.
O geb is Gott e reine Sinn,
's wär Sege in de Arbet drin;
un 's Gfüehl für 's Recht um Di un Mi,
no chönnt is Glück beschiede si.

Mir wenn jetz schnell an 's Tagwerk go,
denn d'Stunde göhn enander no
un keini chunnt me zue is z'ruck.
D'Erinnerig blibt bloß als Bruck
vom Geschtern hi zuem Übermorn.
Öb Veieli, öb Rosedorn,
's mueß g'schafft si, was is d'Zit au bringt:
O geb is Gott, daß alles g'lingt!

Chinder

Mir dien für unsri Zuekunft stoh
un göhn de Ahne hintenoh.
Un witterhi au, Schritt für Schritt,
goht dört de Stundezeiger mit.
Voll Gliichmaß isch de Uhre Gang,
drum isch'is vorem Morn nit bang.

Mir wüsse nit, was alles chunnt
un hoffe, 's isch is Guets vergunnt.
Mir träume no, des stoht is zue,
denn d'Chinderseel die het no Rueh
un Gottvertraue. Ohni Haß
macht uns des Lebe doppelt Spaß.

Mir ruume jetze do des Feld
un springe in die schöni Welt
un hoffe, daß in hundert Johr
no Mensche göhn dur 's Chilchetor
un daß au d'Uhr schlaht jedi Stund:
Jetz b'hüet ich Gott - un blibet g'sund!

Glückwunsch ans schönschte Dorf im Kreis 1988
(un an alli andere schöne Dörfer)

Jetz hän si doch - me hät's nit denkt,
dem Dörfli no e Titel g'schenkt;
denn Sitzechilch duet nebebi
jetz 's schönschte Dorf im Landkreis si.

Es het sich jo au buschber g'macht,
des Dörfli in de Bluemepracht,
denn d'Hüser, d'Chilche,her un hi,
stöhn do, es chönnt nit besser si.

Un d'Weg un d'Höf sin suuber butzt,
de " Modernisme " het me trutzt.
Mit Liebi het me Alts bewahrt
un nit am falsche Endi g'spart.

Doch Schönheit bringt im Dorf erscht Gwinn,
wohnt drin e rechte Bürgersinn.
Mit zemme hebe, zemme stoh,
duet alles ring un weidli go.

Un 's brucht au numme halbi Chraft,
wenn Nochber mitem Nochber schafft.
Ziehn alli mit am gliche Strick
no git's am End e Dorf im Glück.

Du Dorf im Glück, du schöne Ort,
sei fürderhi e sichre Hort
für unsri Zuekunft morn un fern:
Du Sitzechilch - mir hän di gern!

Fernweh, Heimweh, un deno?

Wenn i so in de Zittig lies
vo dem un sellem Paradies
no packt mi doch ganz unumwunde
viil Luscht uf schöni Urlaubsstunde.

Mit aller Macht do zieht's mi ane
zue Berg un Strand un fremde Fahne.
Mi Fernweh, des würd riesegroß,
i pack mi Kuffer un reis los.

Mit Stune due i neues seh,
un 's gluschtet mi uf all no meh;
uf's schönschte duet sich all entfalte,
was d'Welt für mi bereit duet halte.

Hüser, Chilche, engi Stroße,
See'e, Ström, e Berg e große,
Musik un Mensche, fremdi Sproch,
alles isch mir sölli noch.

Doch non're Wuche würd's mir z'viil,
do ha i deno bloß ei Zil:
I möcht ganz schnell uf jede Fall,
heimeszue ins Chandertal.

'S Fernweh duet jetz Heimweh werde;
i will zuem schönschte Platz uf Erde;
ins Ländli zwüsche Blaue - Rhi
zieht's mi mit alle Chräfte hi.

I pack mi Kuffer un reis z'ruck -
un fahr i über d'Chanderbruck
no weiß i sicher wie is mein:
Am schönschte isch'es doch Deheim.

Wurzle

I bi e Bäumli do vom Land
un wott au sunnscht nüt si.
E Pflaschterpflanze us de Stadt
jo die beduure'n i.

Denn mini Wurzle hän viil Grund,
dien tief im Bode gründe
un dien allzit, zue jedre Stund,
dört Halt un Nahrig finde.

Un chunnt e Sturm, e geeche Huuch,
so heb i an mim Bode
un isch des Lebe no so ruch,
duet's doch zuem Guete g'rote.

E Pflaschterpflanze us de Stadt
mueß oberflächlich blibe,
si cha dur Beton un Asphalt
halt nit in d'Tiefi tribe.

Es goht de Grund ihr alle ab,
de Anker zuem sich hebe.
Si stirbt un goht ins chalte Grab,
bevor si recht darf lebe.

Ich aber, Bäumli do vom Land,
weiß b'schützt mi, g'hegt un borge,
so sicher wie in Gottes Hand -
was soll i do no sorge?

Mi Tracht

I trag mi Tracht un bi druf stolz,
si isch wie echtes Cherneholz.
Es isch nüt falsch un ungrad dra;
si duet e guete Bode ha.

E lange Rock in Falte g'leit,
e siidig Fürtuech wo me trait
un üb'rem Buse 's Franzletuech -
so sieht's us, so isches Bruch.

De Hörnerchappe breites Band,
des chrönt no unser Trachtegwand.
'S duet jed're Frau gar fürnehm stoh,
duet si eso dur's Dörfli go.

De Maidli git si früsche Charm.
De Bursche würd's ums Herz ganz warm.
Si möchte gli im Schatz si Hand,
weihjt im Wind e Chappeband.

Un erscht no menge rechte Ma,
dä zieht si Hem un Schilee a,
de Fäggerock, e runde Huet,
des stoht jedem Alter guet.

So lueget denn, isch's nit e Pracht;
drum lieb i unsri schöni Tracht
un hoff no, Mensche, mehr un mehr,
gän ihr fürderhi jetz d'Ehr.

Ernsti Tröpfli

Denke chönne, sich besinne,
d'Chraft erfahre in eim drinne,
des isch fürnehm Menscherecht.
Sei Herr un Diener - niemols Chnecht.

Verloreni Blueme

Ha e Sträußli welle binde,
bunt, in alle Farbe.
Doch kei Blüemli loßt sich finde -
d'Matte sin am darbe.

Grüen, bloß grüen sin alli Matte
un kei Bluemechöpfli
trinkt me dört im Chriesbaumschatte
durschtig tau'ni Tröpfli.

All die viile Bluemesorte
in de grüene Halle
sin dem stille, g'heime Morde
scho zuem Opfer g'falle.

Unchruttblüemli hän kei Plätzli;
nützliches gilt's z'hege.
Also chumm, mach keini Mätzli,
due nit ummegneege.

Chasch zuem Gärtner, dört am Ecke,
weidli abe laufe,
due nem Chlubis anestrecke -
Blueme cha me chaufe.

Bunt sin si, us witte Ferne,
Asie un Afrika,
do dien unsri Mattesterne
halt emol kei Chance me ha!

Armi Welt

Maiechäfer, wo bisch ane?
Flüchtisch du us dere Welt
un ziehsch dini Brummelbahne
unterem e Sternezelt
wo e andri Sunne het?

Summervogel würsch so selte;
due jo chum me eine seh.
Duesch de Erde do vermelde:
'S Lebe uf're, des duet weh -
zarti Gschöpfli sterbe zerscht.

Orchidee uf de Matte
un am tröchne Waldesrai
sin sich selber bloß no Schatte
un e Heimetedelstei
bricht in sine Farbe.

So goht's witter, eins ums ander
duet die Weltgschicht do verloh.
Bloß de Mensch schlurbt no selbander
de Entwicklig hinteno:
Stolz un Hochmuet in sim Chopf.

Duet's dört drinne nit bal schaffe,
steckt die Menschheit tief im Dreck.
Schlaht sich mit de eigne Waffe,
alles wehre het kei Zweck -
eine duet scho dengele.

Nebel ziehn deno um d'Erde
voller Giftgas un Chemie.
Gott de Schöpfer loßt nit märte,
er duet unerbittlich si -
frech ins Gsicht grinst dir de Tod:
Z'spot!

'S Überlebe

Johrtausendi lang
het de Mensch
mit de Natur g'runge.
Het verbisse um Si
Überlebe g'chämpft.

In wenige Johr,
e Augeblick im Weltegscheh,
het sich alles umdreihjt:
Jetz chämpft d'Natur
gege de Mensch
um Ihr Überlebe.

Si chämpft e schwere Champf.
Fascht e hoffnungslose,
denn de Mensch het
Mittel un Macht,
gege die d'Natur
nümmi a cho duet.

D'Schnatte sin tief,
todwund mengi Plätz
un wenn mir uns nit b'sinne
un die Wunde heile
un keini neue Gräbe me risse,
no isch'es au für uns z'spot.

Denn ohni gsundi Natur
isch de Mensch
wie e Blatt im Wind:
Schnell verweihjt,
verbloose ins Nütt -
Vergangeheit!

De liise Tod

Mir wenn in Whyl kei Tschernobyl,
kei Fesseheim, au Leibstadt nit
un was es sunscht no alles git
an K K W's un W A A's
Kei Seucheluft, kei Todesgas!

Mit Wulke chunnt's, de siehsch'es nit;
mit Rege fallt's, de schpürsch'es nit
un esse duesch's, de schmecksch'es nit,
all überall, uf Schritt un Tritt.

De Fluech grabt sich in d'Menschheit i
un die Bedrohig mit de Strahle
darfsch mit de Angscht in Rate zahle,
denn G'vadder Tod uf liise Sohle
duet di Stuckwiis heimzue hole.

Burgruine

Ruine
uf freier Höh,
im duschtere Wald;
verfalleni Muure
steigrau un chalt,

Wuchtig gschichtet
Stei uf Stei
dur Frohn un
Menschenot ellei.

'S würd dr chalt,
de fangsch a friere;
hinter verwittrete Simsel
luegt d'Vergänglichkeit vüre.

Us Fenschterhöhle
grinst de Tod -
lueg umme,
siehsch wie's goht,

Wenn Habgiir
Niid un Stritt
de Mensche Chriegswerkzüüg
in d'Hände git.

Sin wegedem bi de Ruine
fascht immer
d'Türm erhalte blibe
un hän d' Johrhundert überduurt?

Zeigfinger,
wie vo Gotteshand
strecke si sich
über's witte Land,

als Mahner für Friede
un Freiheit un Recht
halte si Tag un Nacht
einsami Wacht.

Abrüschte

Eines, des isch recht un billig:
Us de Schwerter mach e Pflug!
Wär au Menge no so willig -
isch's nit jede - isch's nit gnueg.

Duet bloß einer uf de Erde
wieder zuem e Schwertschmied werde,
füehlt de ander sich bedroht -
neui Ärn erwachst im Tod.

Drum, so sorg du Erdemensch,
daß du di vom Hasse trennsch.
Pfleg de Bode - leg di Saat,
daß Friede wachst in jedem Staat.

Due de Waffewald schnell rode;
suuber soll er si, de Bode -
ohni Gift un Seelenot -
böses Unchrutt, wo nit goht.

Weidli, schärfet d'Schar am Pflueg,
ackeret de Bode guet.
Lieb in d'Erde un Verstoh
no cha d'Menschheit obsi go.

Erdemensch ha Muet - bi willig,
chämpf du gege Chrieg un Not,
denn de Friede isch nit billig -
aber ummesunscht de Tod.

De Sinn vom Lebe

Was isch de Sinn vom Lebe?
'S isch denk e schweri Frog.
Lit er im Ufwärtsstrebe
un in de Werchtigplog?

Lit er im Ernschte, Schwere,
im Truure um die Welt.
Im allbot sich erwehre
ums eige Lebensfeld.

Lit er in schöne Stunde,
die heiter sin un froh,
in fröhlich - fiechte Runde,
im immer zemme stoh?

Due numme richtig luege
no chunnsch scho selber drus.
All Stei un alli Fuege
die mache 's Dosii us.

Nümm alls us Gottes Hände,
verbruchs deno mit Gwinn,
no chas nie sinnlos ende:
No het di Lebe Sinn!

Dur di Lebe

Chlei un schrumplig chunnsch uf d'Welt,
wo als einzigs jetze zählt:
Isch am Chind au alles dra?
Duet's e luttes Stimmli ha?
Isches Büebli oder Maidli -
des bestimmt no d'Farb vom Chleidli.

Doch als Menschli wachsisch ane,
duesch dr grad di Wegli bahne.
Wichtig werde andri Sache
un viil Freud sott's au no mache.

Mengmol git's au Trotz un Träne,
denn de weisch am Ufer äne
do git's neui Stroße z'finde;
d'Chinderzit die blibt dehinte.

'S Lebe isch kei Hunigschlecke,
chlebe blibsch an viile Ecke.
Mengmol goht's au chrummi Bahne
un weisch nit: Wo göhn die ane?

Mengmol duet di 's Glück verschmutze,
was de a'packsch git dr Nutze
un du glaubsch, für di im Stille,
alli Wünsch dien sich erfülle.

Doch des Lebe, des lauft weidli;
bal traisch du di letschtes Chleidli.
Umme isches mitem Horte,
jetz goht's dur die letschti Pforte.

Verhutzelet verlosch die Welt,
wo als einzigs jetz no zählt:
Findt di Seele ihri Rueh,
chasch du gradstoh für di Due -
denn in selle ähn're Welte ,
do dien andri Maßstäb gelte!

Wegwiiser

Mi Chind
geschtern bisch glücklich gsi;
bisch strahlend un lachend
ufem Siegertreppli g'stande.

Mi Chind
hüt ziesch e Lätsch
will dr öbbis verquer gange isch
un de mit dir un mit'em Tag nit z'friede bisch.

Mi Chind
morn bisch villicht truurig
will de vo öbberem, wo de gern gha hesch,
für immer Abschied neh muesch
un nit verstohsch worum.

Mi Chind
siehsch so goht's im Lebe;
uffe, abe, hüscht un hott.
Aber gut goht's dir immer,
wenn an dinere Sitte
d'Zueversicht un de Glaube stoht.

Mi Chind
an dene zweu muesch di hebe
un no eweng Muet un guete Wille dezue due
no chasch getroscht in's Lebe go
un sicher uf di Plätzli stoh.

Für mi Gottechind Sven

Du hesch jetz,
wie me so sait,
's Liecht dr Welt erblickt.

I wünsch dr,
daß de si fürderhi
au no a'luege chasch.

Nit, daß de numme
no Betonmuure siehsch
un Autochrach hörsch.

Du sollsch e Baum finde,
wo e Vogel drin singt
un e Matte voller Blueme.

Un Friede wünsch i dr.
Sell vor alle Dinge.
Friede für di ganz Lebe!

Im Oliver zue de Konfirmation

E große Tag stoht dir bevor;
jetz öffnet sich sell witte Tor
am End vo din're Chinderzit
un vor di anegleit do lit
de Weg in d'Zuekunft -frei un ebe.
Di Chance isch's jetz, des Lebe z'lebe,
daß'es mit Treui, Glaube, Muet,
allzit zuem Guete g'rote duet.

Ha Zit für öbber nebedra,
wo will di Rot un Zuespruch ha.
Due Liebi au un Hoffnig geh
un jede Mensch als Brueder seh.
Gib Hilf, wenn öbber in de Not
un teil, wenn nötig, au di Brot.
Vor dem wo wen'ger het wie du
schließ niemols dini Auge zue.

Acht Recht un üb Gerechtigkeit,
barmherzig si bi andrer Leid,
lueg, daß de Schwache Bresche schlasch
mit Tatchraft un Zivilcourage.
Due menschlich si in alle Dinge,
au wenn si dir kei Vorteil bringe.
Due Gottes Schöpfig achte, ehre
un allewil im Böse wehre.

No gosch nit fehl uf dere Welt.
No sajsch uf dinem Lebensfeld
e Some us wo Ähri trait -
un wenn de Tod am Endi majht
chasch du getroscht di Lebe neh
un dinem Schöpfer retur geh.
Wenn du di Dosii so duesch gründe
würsch Gnad vor sine Auge finde.

Abitur vom Markus 1988

'S lit uf mr Wehmut, bloß e Spur,
sit churzem hesch du Abitur.
Mit Brief un Siegel bisch jetz frei
un d'Chinderzit die isch vorbei.

Vorbei die chleine Chinderhändel,
jetz het di 's Lebe voll am Bändel.
Doch mit dim Zügnis chasch jo lache,
des duet dr d'Weg scho gangbar mache.

Un lueg, i sag's eweng mit Stolz,
i glaub du bisch us guetem Holz.
Wohl g'sund im Cherne, so soll's si,
drum loß mr bloß de Wurm nit dri.

Loß nie in böse, schlimme Tage
de Niid un d'Habgiir in dr nage.
Im Hasse öffne nie di Tür
un schieb de Selbschtsucht Riegel für.

Hilf lieber dört wo's nötig isch
un deck im Ärmere de Tisch.
Due Fründschaft pflege, Liebi geh
no würsch du riich, de würsch es seh.

I wünsch dr für di Lebensweg
e gueti Stroß, e sichre Steg
un Gottes Schutz für alli Tag,
daß Unglück vo dr blibe mag.

I wünsch dr Träum wo sich erfülle.
I wünsch dr all e starke Wille,
e sichri Hand, Kurasch un Muet,
wenn's Lebensschiff mol schlingre duet.

Schaff dir mit dine eigne Händ
e ganz solides Fundament
un due in ehrlichem Vertraue
e warmi Heimstatt für di baue.

Sott's aber emol ungrad go,
so dien mir allwil zue dir stoh
un duet di Chummer, Sorge ploge,
so chasch um Hilf un Rotschlag froge.

E Wunsch hätt i jetz no zuem Schluß,
dä macht dr sicher kei Verdruß:
B'halt uns, un sei's au no so chlei,
e Plätzli in dim Herze frei.

Luschtig Bluet

Loß in dine Odere
's luschtig Bluet all blodere.
Frohsinn macht de Alltag hell,
's lebt sich lichter - glaubsch mrs, gel?

Mode

Jeggerli, so lueg Marei!
Sag, isch des de letschte Schrei?
'S schiint mr, s werde alli ärmer -
Röckli, grad no Füdlewärmer.
Schmuckgebambel noch un nöcher,
doch die neue Jeans hän Löcher.
Lila Göschli, blaui Auge,
grüeni Hoor; des duet mr tauge.
Stiefel wie e General -
Mode, Mode, überall!

Jeggerli, was meinsch Marei,
stoht mir ächscht dä letschte Schrei?
Ohrering wie großi Chachle,
Hoor wie stiifi Igelstachle,
engi Hose, bunti Socke -
chönnt i do mi Ma wohl locke?
Oder due in bloß vergelschtere
wenn i ussieh wie e Elschtere
wo ne Chatz verstrublet het,
alles bloß de Mode z'wett.

Jeggerli, i glaub Marei,
i verzicht uf's Modegschrei.
Chönnt jo gli mi Geld verschenke,
statt an dünni Fähnli hänke;
denn was hütt no ganz voraa,
das zieht morn scho kein me a.
Un mi Ma müeßt nümmi stöhne,
sott er allbot Fetze löhne.
Modisch isch er völlig stur:
Am liebschte het er mi halt pur!

Vorem Usflug

Will i mol e Reisli mache
göhn im Hirni tausend Sache:
E Wuche vorher goht's scho los -
was für Fummel trag i bloß?

Duet's wohl Pfluederwetter mache
oder würd is d'Sunne lache?
Duet es ächscht e Nebel geh
un de Wind de Ohre weh?

Trag i besser langi Hose?
Schöner wär e Rock, e lose!
Mueß de Summermantel mit?
Doch, dä baßt so bsunders nit.

Überhaupt, es isch zuem pläre,
det i neui Fetze gäre.
Alles isch vo vor - vor- fern
un so grüüßli unmodern.

Due i do an d'Nochbre denke;
die duet neuschti Mode schwenke.
Wädelet im letschte Schrei,
hi dur unsri schöni Gmei.

Meint mi Ma: " Du bisch e Neider,
hesch de Chaschte voller Chleider".
O, was duet doch so e Ma
vo Fraueseele Ahnig ha.

Was i azieh mueß i wüsse.
Alls würd us de Chäschte g'risse.
Probt würd für de "ernschte Fall"
mit me wahre " Maskeball" .

51

Doch es isch fascht nit zuem Fasse,
nüt will richtig zemme basse.
D'Jacke, Rock, de Huet dezue -
aber himmelswille, d'Schueh!

Nei, die dien miseel nit tauge,
basse grad wie d'Fuscht uf d'Auge
un die Bluse, s isch e Gruus,
sieht wie's Hem vom Opa us.

'S Maali meint: " Nit übertribe,
de muesch uffem Bode blibe.
Bind dr um de Hals e Schal
un de Rescht, dä isch egal".

O, i due mi furchtbar quäle,
mi us Stoff un Wulle schäle.
Ohni daß i mi entscheid,
würd i müed un bin'is leid.

Schlupf in unsri warme Better,
pfiff uf d'Chleider un uf's Wetter,
dublig isch's in minem Grind:
Lohnt nit, daß me drüber spinnt.

Doch bassiere au no Wunder.
I bi niemols ohni Plunder
uf e soh'ne Usflug mit.
Froget nit, wo dra des lit!

Guetseli choche

Im Summer, in de hoche Zit,
wo's Obscht un Beeri massig git,
blibt de Huusfrau d'Stirn nit droche,
si mueß durane Guetsi choche.

Si sammlet schnell, mit flinke Händ,
dur Beerihürscht un Erdbeergländ
um in de Chuchi no dä Sege
z'butze, z'wäsche un z'verwääge.

Isch no alles nonem Wiege
suuber in de Hafe bige,
darf si e weng träumend dudle
bis es heiß afangt mit sprudle.

Rüehrt si vor sich hi im Hafe
fangt's im Hirni no a schaffe:
Isch Sege drin? Duet d'Arbet klappe?
Hoffentlich schelliert die Babbe!

Duet sis nit, no isch'es bitter;
no rennt doch de ganze Pflütter
umeins vo de Schnitte abe
un me mueß'en wieder uffeschabe.

Schmierig chlebt er an de Dobe,
bebbt am Hem un au am Tschobe.
Zuem wäsche blibt die Sauerei
deno de Huusfrau ganz ellei.

Also duet's im Hirni schaffe -
kritisch luegt si in de Hafe.
Gottseidank - isch des e Glück -
's Guetseli würd langsam dick!

Welleweg, jetz cha si's lobe;
suuber blibe Hem un Tschobe
un si rüehrt mit neuem Mumm
nonemol dä Pfludder um.

Englisch schwätze

I lehr Englisch, 's isch e Gruus,
's fozzlet einem d'Schnure us.
Fescht muesch do de Schnabel wetze,
witt perfektly uswärts schwätze.

I probiers in einer Tour -
nei des isch e rechti Schur,
denn bim Schwätze un bim Singe,
will de Englisch- Släng nit g'linge.

Soundet dütsch un jedi Miss
glaubt mi Bäbb're des wer bschiss,
jede Mischter dä dets störe,
müeßti er mi Ti- ätsch höre.

Doch mit dere Plogerei
isch's in Zuekunft grad vorbei,
denn für mini Englischstunde
ha i jetzt e Lösig g'funde:

E Buur het mir de Rotschlag geh:
Du musch heißi G'schwelldi ne.
E heißi G'schwelldi in di Muul,
no schwätzisch Englisch "wunderful"!

Finke chaufe

Z'Chander isch e Lade g'si
für Stiefel, Schueh un Schlappe,
do sin vom Wälder d'Buure hi,
zuem Chaufe all die Sache.

Vom Schlurbegschäft de Prinzipal
isch nit us unsrem Gäu;
Er chennt die Wälderusdrück nit,
si sin em alli neu.

Do chunnt am e schöne Tag,
's Gschäft lauft grad sölli guet,
e Wälderbüürli ine
im Tschobe, Stock un Huet.

Er möcht für sini chalte Füeß
gern warmi Huusschueh chrome
un sait zuem Chef, dem guete Ma:
"I sott e Päärli Finke ha."

De Chaufma schaltet au sofort
un sait zuem Büürli, mit fründliche Wort:
"Wir haben Schuhe, groß und kleine,
doch bedaure, Vögel führen wir noch keine"!

Schloflos

'S git Nächt, wo me ummsunnscht
de Schlof sueche duet.
De trolsch di un treisch di
un lisch halt nit guet.

Gedanke chömme
zue tausende Stuck
un nämme de Schlof
wieder witt vo dr z'ruck.

Als was vergesse,
verlore, verschobe,
das duet di jetz
in de Seel inne ploge.

De duesch dur un dur
e schlecht Gwisse ha
un im Bett nebedra
schnarcht seelig de Ma.

De Baldrian duet
si Wirkig verfehle,
au hilt's dr nit,
daß de Schöfli duesch zähle.

Letschtendlich denksch:
'S het alles kei Zweck,
jetz stand i uf -
un scho bisch eweg!

Am Telefon

Leider isch's nit z'überhöre:
'S Telefon duet wieder störe.
I füeßle weidli d'Stege ab
un riß de Hörer ab de Gable drab:
Christa Heimann! Wer isch dört?
'S Annebäbi ha i bloß no g'hört.
'S Annebäbi? Wehl denn wohl?
In mim Chopf isch's wieder hohl.
Mi Gedächtnis funktioniert nit guet,
mit Name merke ha i nüt am Huet.

Also z'erscht mi Taktik starte:
Nit viil schwätze - aber warte.
Het sell ander gnueg verzellt,
het sich au mi Geischt erhellt
un es fallt mr wieder i
wer am Leitigsend duet si.

Für Lüt wie mi, mit hohle Bire,
sott me halt dä Bruch ifüehre,
daß alli Welt dem Rechnig trait,
bim Melde de voll Name sait.
No det's Verständige au klappe.
I müeßt nit all in Häfe dappe
wo breit un fettig ummestöhn.
O, liebi Lüt, wer des doch schön.

Will mi des Rote grüüßli stört
sag i s nächscht mol: Ich do, wer dört?
Des isch mi Rach, i weiß deno,
jetz duet's im andre au so go.

59

Verleit

Jeggerli, des isch doch grüüßli,
wo isch bloß mi Brüllehüsli?
Vorig han is doch no g'ha.

'S hilft kei gneege un kei flueche,
jetze hilft bloß wieder: Sueche!
Numme, wo fang i mit a?

In de Chuchi, alle Räume,
suechi, neume, neume,
neume mueß des Ding doch si.

Z'erscht mol systematisch denke
un kei Energie verschenke:
Rekonstruktion heißt's Zauberwort.

Doch die Sach will au nit klappe.
Suechend due i ummedappe
un find's Brüllehüsli nit.

No uf eimol no paar Stunde,
het sich's ganz vo selber g'funde:
'S lit halt eifach e so do.

Also, d'Brülle schnell ans Plätzli,
doch mi Herz, des macht e Sätzli:
jetz isch selli niene meh.

Nit uffem Chaschte, uf de Nase;
mengmol ha i halt so Phase
wo's Denke bloß no Glückssach isch.

'S recht Mäß

Hesch du ammel dini Breschte,
mit de Gsundheit so Maläschte,
no isches nötig un voll Sinn
nümmsch degege Medizin.

Doch nümmsch z'wenig
duet's nüt nutze
un nümmsch z'viil,
no duet's di butze.

Also mueß me richtig messe.
'S Tröpfli zelle nit vergesse.
Denk bi allen immer dra:
Uf 's richtig Mäß do chunnt's halt a!

Useszue

An Marie - Liechtmäß isches g'wunne:
Uf helli Bahn goht d'Früehligssunne.
Vorbei isch's mit de Winterrueh,
de Rolli rault - 's goht useszue!

Früehlig

De letschte Bühnischnee isch furt
un d'Früehligssunne duet di wärme.
'S zieht di use, 's zieht di furt,
de wotsch wi d'Immli schwärme.

Wotsch fliege au vo Bluescht zu Bluescht
un di am Nektar labe.
O heidenei wär des e Luscht,
me chas fascht garnit sage.

Die erschte zarte Blüetedolde
dien sich zuem Liecht hi strecke
un Blüemli, immer mehr un mehr,
duet d'Sunnewärmi wecke.

Au du merksch wie de Lebenssaft,
wie in de Bäum, duet stiige.
De kriegsch e rechti Schaffenschraft,
möchtsch alles ummetribe.

De buddlisch duß im Garte,
de füehlsch de warme Dreck,
de duesch uf Somechiemli warte
un jagsch de erschte Schneck.

Stellsch Geranium vor's Fenschter
un Schlüsseli vor d'Tür,
freusch di an ihre Farbe
un pflegsch si für un für.

Bisch z'Obe no vom Schaffe
so richtig deig un müed,
singt e Amsle als Belohnig
e jubilierend Lied.

Un würd's no langsam dunkel
gän d'Frösche e Konzert.
Si finde, grad wie du, im Früehlig
isch 's Lebe lebenswert.

Roßhiebli*

Si hän e Muelde g'füllt mit Dreck.
E wüeschti Ödi, ohni Zweck,
so lit si grau, verlore do
un 's Elend will eim übercho.

Doch in de trüebe Wintertäg
macht sich ganz still e Wunder zweg
un no de erschte Früehligsnacht,
hesch öbbis, wo di Herz drab lacht.

Us ruchem Bode, voller Stei,
druckt sich e Pflanzespitzli frei
un dört no eins, un mehr un mehr,
es isch e ganzes grüenes Meer.

Un 's grüene Meer würd lutter Gold,
wenn d'Sunne d'Blüemli use holt.
Wie helli Sterne strahle si -
am liebschte setzt i mi jetz dri.

Des Pflänzli isch so voller Muet,
das andre Weg bereite duet.
Es will für uns als Mahnig stoh:
Us Schutt un Dreck cha Zuekunft cho!

Un bisch du chrank un hesch du Weh,
no hilft des Pflänzli no als Tee.
E Sege isch's für unsereins -
i stun ab dir, Roßhiebli, chleins.

* Huflattich

67

Wenn's Früehlig würd

De Winter un de Früehlig
hän sich de Frack verhaue.
De Früehlig het zuem Winter g'seit:
Du duesch mi Sii versaue
mit dem miiße Pfluderwetter;
hau ab, mi Sunneschii isch netter.

De Winter duet d' Entgegnig geh:
Mi Recht isch älter als wie di's
un wenn i will no hurle i
grad z'leid nomol so chalt un miis.
Es schneit un regnet wie ich will,
de März dur un witt in April.

De Früehlig aber, dä isch jung,
er druckt un drängt zuem Lebe.
Voll Chraft, Begeischterig un Schwung
duet er si Macht erstrebe.
Er strahlt so lang de Winter a,
bis daß dä Muffel nümmi cha.

So het de Sunne warmi Chraft
e neui Lebensgrundlag gschafft.
E letschte Schnupfer, chalte Wind,
vorbei so will is meine,
am Bächli unte spielt e Chind
un d'Wösch die fägglet uf de Leine.

Forsythie

Wie geli Brunne ruschlets üb're Gartehag
un leuchtet in de Früehligstag;
hell isch de Sunneschiin drin g'fange:
Forsythie prange!

Die Blüemli mit dem frohe Liecht
verschüche alli Wintergicht.
Es gumpt mit Macht grad an di ane:
'S Früehligsahne.

Froscht un Chältischmerz sin gange,
's Herz duet an de Zuekunft hange.
Witt würd alles, frei un offe:
Früehligshoffe!

Früehligsspaziergang

Unter liechtgrüen zarte Bäum,
unter wiiße Blüeteträum,
wandlisch dur's erwachend Werde
uf de schöne Gotteserde.

Wie bunt isch alles witt un breit,
wie het's de Herrgott zemmeg'leit,
des Farbespiel, die Symphonie,
so kriegt's kei Landschaftsgärtner hi.

Im Herz würd's eng drin, in de Bruscht,
vor lutter praller Lebensluscht.
Es bubberet beschwingt un froh,
de muesch vor Freud e Juchzger loh.

Us din're Seele quillt e Singe.
Im Schöpfer soll e Danklied klinge
für all des Schöne wo er git.
Chumm, schüch di nit un sing au mit!

Geraniemärt

Chumm, zeig mr ein, dem 's Herz nit lacht,
bi dere schöne Bluemepracht.
Geranie in viele Farbe,
dien uf e Fenschterplätzli warte.

Un gosch no 's Städli uf un ab,
so hange si vom Simsel drab
un dien in menge Ampele
vom Wind umbauschlet bambele.

De Mensch in sin're Hetz un Hascht,
dä zwingts no zuen're churze Rascht.
Die Blüemli mahne inne drinne:
Due di eweng uf's Schöne b'sinne.

Denn Bluemeschmuck macht's Lebe froh,
duet Alltagsgrau verschwinde loh
un alles Pflege duet sich lohne,
darf me in Duft un Farbe wohne.

Drum Nochber, chumm un setz si schnell,
die Maiepracht so liecht un hell.
Mir stöhn deno an Gartehag
un strahle z'wett mimm Summertag.

Waldspaziergang

Ich gang im Wald so für mi hi,
do fallt mr doch de Goethe i;
au mi Sinn duet nach gar nüt stoh,
ich füehl mi eifach numme froh,
wott 's Lebe un d'Natur genieße;
doch bald druf duet's mi arg verdrieße:

Statt Veiel un Badenkeli
find i e Chratte ohni Henkeli;
statt Büseli un Haselwürschtli -
e Autoreife in de Hürschtli.
un nebedra, im grüene Gras,
bricht Sunne sich im Fläscheglas.

Statt Duft un Glanz vo Heckerose
siehsch numme leeri Coladose,
e Chessel mit me Loch im Bode
isch au no grad dezwüsche grode;
un all bar Meter, 's duet mi Herz verdrucke,
e ganze Huffe Plaschtikgucke.

Mit Zigaretteschachtle schön garniert
isch de Wohlstandsweg verziehrt.
Im Grabe lit, als wär's so Bruuch,
e löcherige Fahrradschluuch.
Un allbot chasch, so wiiß wie Schnee,
papiereni Faszinettli seh.

I sammles uf, leg eins zuem andre
un due gar truurig heimwärts wandre.
Sell Blüemli wo de Goethe b'singt,
loßt 's Chöpfli lampe, will's em stinkt:
Blüemli verzeih, i will's bim Name nenne,
i due mi für mi Gattig schämme.

Denn Schuld an allem het ellei
jo die Spezie uf zweu Bei.
Kei ander Lebewese det sich traue,
si eigni Umwelt so z'versaue,
daß me drin fascht nit schnuufe cha:
Denket bim nächschte Usflug dra.

Früehligsgfüehl

Maiegrüeni Matte,
Felder, lewatgel,
schüche alli Schatte,
mache d'Seele hell.

Dur die müede Odre
goht e neue Schlag.
Schwebsch wie Seipfiplodre
in de Sunnetag.

Wie e Summervogel
füehlsch di, licht un frei.
Goht dur d'Zit de Hobel -
's isch dr einerlei.

Hütte duesch du lebe,
hütte bisch du froh;
denn an junge Rebe,
do dien d'Söme cho.

D'Welt duet dir ganz g'höre,
du de ganze Welt,
wenn di Düft betöre
ussem Bluemefeld.

Alli Erdeschweri
isch unendlich witt.
Träumsch vo riife Beeri
un de Summerzit.

Hinteabe

Die warme Summerstunde
hän jetz e Endi g'funde.
De Riife lit im Grabe -
i glaub 's goht hinteabe!

September

D'Summerzit goht hinteabe,
Schwalbe hocke uffem Droht,
dien e Abschiedsliedli chlage,
will's in ferni Länder goht.

Herbschtwind striicht dur bunti Bäume,
Gärte stöhn in Farbepracht.
Liechtdurfluetet Himmelsräume -
alti Wiibersunne lacht.

Jetze fliege Spinnefäde
dur de warme Sunneschii,
dien Erinnrige verwebe,
wickle Brombeerranke i.

Am Spalier die erschte Bire
zittige un d'Öpfel au
un die spote Zwetschge ziere
Nascht um Näschtli dunkelblau.

D'Ährihalm sin alli g'schnitte.
Stupfleäcker leer un ruuch
un um geli Öpfelquitte
goht de erschte chalte Huuch.

Jetz duesch in di ine loose,
weisch de Spötlig isch bal do.
Duß am Hag, die letschti Rose,
macht di truurig anstatt froh.

Oktoberspaziergang

E Spaziergang im Oktober
isch öbbis wo mr g'fallt.
In Oker un Zinober
erstrahlt z'ringsumm de Wald.

I cha do numme stune,
denn jede Baum dä trait
no Muetter Naturs Lune
e bunt Desiegnerchleid.

Wie prachtvoll isches g'richtet,
daß Farb zue Farbe baßt.
's isch alles grad so g'wichtet,
daß niene nüt verblaßt.

Drumumm de richtig Rahme
duet blau de Himmel geh
un trotzdem duet's is mahne:
'S goht bal ans Abschied neh.

Die ganze Zauberfarbe
sin scho e Abgesang
uf d'Schöpfig wo mueß darbe,
e ganze Winter lang.

Doch will i jetz nit truure
un raschle froh dur's Laub.
Au graui Wintermuure
die werde emol Staub!

Herbschtobe

Am Mohresattel obe
im warme Sunneliecht,
do sitz i ohni Tschobe,
spür Wärmi uffem Gsicht.

I suug si in mi ine,
weiß, d'Chüeli chunnt scho bal.
Zwar duet no d'Sunne schiine,
doch 's Liecht würd langsam fahl.

Vom Häßler änedure
dien langi Schatte cho,
sieh fiini Nebelspure
scho übrem Städtli stoh.

Jetz bruch i doch mi Tschobe.
I wickle mi eng dri
un due im früehje Obe
e müede Wandrer si.

De Obestern duet blinke.
Er wiißt de Weg ganz still
un helli Fenschter winke
dem, wo jetz heimgoh will.

Truurzit

'S Wetter isch diisig,
de magsch 's fascht nit liide.
Nebel streife wie Schleier um d'Wiide
un e schwarze Grabb
trait si Schrei in de Wind.

D'Grabhügel duet numme no
Tanneriis decke,
kei Blüemli cha di
us de Truur use wecke.
Still brennt e Cherze
für immer durab.

November

Täg sin churz un grau verhange.
Schwermuet leit sich über 's Land.
Summerfreude sin vergange,
nienemeh e blaues Band.

Blätter ruschle über d'Stroße,
sage vo vergangner Zit.
Chasch im Wispre höre, loose;
d'Jugend isch so witt, so witt.

Jetze goht's zuem Sterbe ane,
kahl isch alles, öd un chalt.
Langi bruni Ackerbahne
un de Herbschtsturm goht im Wald.

Um di Gmüet leit sich verwobe
Nebel, Sorg un stilles Weh
un im früehje, dunkle Obe
duesch dr Zit zuem b'sinne neh.

Vorem erschte Schnee

Dusse goht e chalte Wind,
striicht um alli Ecke.
Jomret mengmol wie e Chind,
wo will Mitleid wecke.

Gliidruf aber fuucht er au,
rüttlet an de Läde
un ins Obehimmelblau
zieht er schwarzi Fäde.

Bigt's zue Wulke, schwarz un schwer,
tribt's wie Hammelherde
allwil nöcher, mehr un mehr,
Nacht will's beinah werde.

Doch des dunkle Winterweh
duet nit länger dräue -
löst sich uf im erschte Schnee;
Chinder dien sich freue!

Wintertag

Jerenei, duet des jetz batte.
'S lit uf alle Gartelatte,
schneit uf Bäum un Dächer druf -
un hört allwil nonit uf.

Siehsch kei Weg me, keini Stroße
un de Wind duet allno bloose.
Wiißi Schwade weihjt er hi
un 's schiint nonit fertig z'si.

'S Vogelhus mit dicker Chappe
un drumumme Chatzedappe.
'S bigt un bigt die Flockepracht,
daß de Chinder 's Herzli lacht.

Dinn am warme Chachelofe,
duet de alte Ätti schlofe,
denn bi some Huffe Schnee
macht em halt si Rheuma weh.

Lit no gnueg vom wiiße Plunder
schiint is d'Sunne - un Potzdunder -
jetze strahlt die Winterwelt
schöner no wie Gold un Geld.

Schöner no wie Märchengschichte;
also due de Schlitte richte,
denn het's gnueg vom Schnee verstreut
lacht is echti Winterfreud!

Viechereie

Tierwelt duet e Spiegel si;
trau di mol - lueg richtig dri.
Sicher siehsch du no genau:
Bi de Viecher menschlets au!

Blindi Liebi

Mir hän e chleine Rolli
dä hät so gern e Frau.
Er isch e schlimme Droli,
he aber - aber au.

In helle Mondschiinnächte
do leit er sini Spur
dur wiißi Neuschneewächte
un übers Nochbers Muur.

Er striicht dur alli Gärte
un raulet lutt debi.
Er wott mit Liebi märte -
wo duet si Schätzli si?

Si duet en nit erhöre,
er schliicht ganz still devo,
will niemes meh jetz störe -
un scho duet 's Unglück cho.

Des lutte Raule vorig,
des het de Nochber g'weckt.
Dem würd si Galle horig,
wenn me nen so verschreckt.

Er het drum gli us Rache
e Gätzi Wasser gno
un schmeußt's, 's isch nit zuem Lache,
dem Rolli hinteno.

Des chleine Chatzebürschtli,
des isch jetz pflätternass,
es flieht dur Gartehürschtli,
rennt chopflos über d'Gass.

E Auto duet en streifle,
jetz macht em 's Ärschli weh.
Cha nümmi ummereifle
un au si Schatz nit seh.

So goht's allmol uf Erde,
isch me vor Liebi blind.
Me duet zuem Opfer werde
wo höchschtens Mitleid find.

Zweuerlei Liebesgsäng

E Rolli sait zu sin're Chatz
rutsch nöcher zue mir her mi Schatz,
no singe mir zweu im Duett
des lüpft de Stärkschte ussem Bett.

E Meisepäärli uffem Blüetenascht
jubiliert in Sunneglascht,
daß si sich gern hän un verstöhn,
das findet unsereins no schön.

Me sieht do dra, wie wohr es isch,
daß 's Gliiche do doch's gliich nit isch,
denn Liebesgsäng, so oder so,
mache mol niidig un mol froh!

Chrottewanderig

E Chrott wott über d'Landstroß go
un duet sich nit recht traue.
Allbot duet e Auto cho
un de Weg verbaue.

Doch z'letscht do denkt si: Jetz mueß's si
un macht e rechte Satz,
gradweg vor e Reife hi -
was blibt isch numme Matsch.

Ihr Nochber het dä Selbschtmord g'seh,
de Chrott isch's nit um 's Lache.
Si will e ander Wegli neh -
un duet e Buchplätsch mache.

Im Chessel lit si, zapplet wild,
glaubt 's goht ere an Chrage -
debi chunnt bloß e Schülerchind
un duet si übere trage.

So duet's au uns im Lebe go:
De eine dä duet's butze,
de ander weiß vom Risiko
un zieht derus de Nutze!

Überspannti Träum

E Stor wo um si Chaschte fliegt
het Liebesgfüehl im Früehlig kriegt.
Er pfiift sim Schätzli, due di traue,
weidli chumm go Näschtli baue.

Des Wiibli aber isch verwöhnt,
het's Storemännli lutt verhöhnt:
Mit so me winsche Storechaschte
will i mi Zuekunft nit belaschte,

denn mini Träum sin andrer Art,
sin hochmodern un sehr appart;
alles g'schleckt, wie ussem Chäschtli,
so wünsch i mir mi Vogelnäschtli!

Ihr Fägge lüpft si, fliegt devo
un het sich gli e andre gno,
ein wo großi Tön duet schwinge
un ihre nonem Schnabel singe.

Bim Verspreche do isch's blibe,
nie duet si ihr Luftschloß kriege -
Lutti Tön un nüt dehinter,
dorum gruußt's re vorem Winter.

Si denkt an ihre erschte Schatz.
Wie schön wär jetze selle Platz
dört im Chaschte uf de Stange,
doch selli Liebi isch vergange.

Daß's dir nit wie im Vogel goht,
folg wohl dem guete Lebensrot;
Lieb ehrlich un mit treuem Muet,
verrot'ni Liebi duet nit guet.

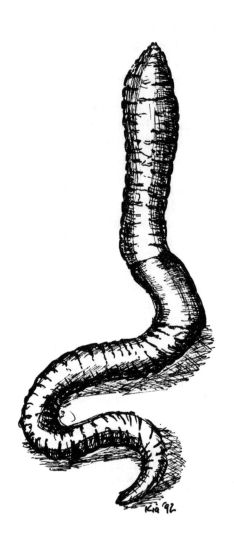

Kia '92

Gsundi Erde

Balduin, de Regewurm,
gäb im Lebe viiles drum,
chönnt er bi sim Tagwerknuele
dur e gsundi Erde wuele.

Ohni Gift un Herbizied
wo im Würmli Buchweh git.
Ohni Chunschtstoff un Chemie -
's Würmli fürchtet, es goht hi.

'S kriegt e arge, große Gruus,
packt si Bündeli un zieht us!
Aber wo's au ane chunnt,
niene ischem Rueh vergunnt;

denn au uf de letschte Matte
duet des Umweltgift no batte.
Wenns nit us de Düse pfuust
chunnt des Züg halt us de Luft.

Lueg, grad wie dem Würmli do
duet's uns Menschechinder go:
Chasch no so gege 's Giftzüg si,
's holt di trotzdem allwil i.

Hesch's in de Nase un im Esse,
aber eins muesch nit vergesse:
'S Würmli mueß'es neh wie's chunnt -
uns isch 's Ändere vergunnt.

Due di chleini Umwelt schütze
no duet's au im Große nütze,
denn i stimm mimm Würmli i:
'S pressiert, 's duet fünf vor zwölfi si!

93

D'Schärmuus

I schaff im Garte vor mi hi,
bring Söme in de Bode dri
un due, um mine Auge z'nutze,
d'Gartewegli suuber butze.

Uf eimol aber lueg i schräg:
Do chunnt e andre mir ins G'heg.
Bigt Hüffe, 's isch fascht nit zuem Sage -
i glaub i mueß dem Vieh an Chrage.

Denn 's macht jo gwieß au wenig Sinn,
wenn zweu binand am Schaffe sin
un jedes het e ander Zil.
Die Arbet macht no keines froh
un 's cha nüt gscheuts bi use cho!

Jagdpech

Inne an de Stubetür
hockt de dicke Rolli
un er wacklet her un hi
mitem Rollimolli.

Ussedra am Vogelhuus,
do dien d'Spatze pfiffe.
O, wie wott er sich so gern
so e Vogel griffe.

Doch des cheibe Türeglas
duet dä Vorsatz störe
un de schlaue Rolli denkt:
E andre soll mr g'höre.

Ufem Chuchichänschterli
duet ein im Chäfi hocke.
Dört störe keini Fenschterli -
des git mi Z'nünimocke.

Ab in d'Chuchi, uffegumpt,
alles purzlet abe.
'S Chäfi keit im Chatzevieh
z'mitts uf Chopf un Chrage.

'S Peterli zieht 's Schwänzli i,
duet gar weidli springe,
denn es merkt, die Vogeljagd,
die duet denk nit g'linge.

Die Moral vo dere Gschicht?
Meischtens goht's denebe,
will me uf bequemi Wiis
uf andrer Choschte lebe.

Die " b'scheideni" Martinsgans

Im spote Herbscht - es isch scho chalt,
do sin si stolz spaziert.
Si mäschte sich mit aller Gwalt
un hän sich nit scheniert.

Si werde rund, si werde fett
un hän druf no e Gickel.
Verspotte, des isch garnit nett,
e chleine dünne Nickel.

Es chunnt no de Sankt - Martinstag ,
me duet's zuem Metzge hole.
Jetz hilft kei Gschrei me un kei Chlag -
de Fuchs hät's au gern g'stohle.

Die wiiße Gäns, so dick un feiß,
dien jetz in Ofe wand're.
Verschohnt devo blibt numme eins -
des goht nit mit de andre.

Des Gänsli isch de Mensche z'dünn,
des git kei richtig Esse -
un die wo überheblich sin,
die het me schnell vergesse.

Die Chleine un die Große

E Spatz, e graue, sait: Witt witt,
des Chörnli nümm i au no mit.
Druf meint e Meisli: O bitt bitt,
nümm mr bloß nit alles mit!

Wo die zweu no so parliere
chunnt e Amsle hinte vüre,
landet uf'em Fuederplatz,
sait: Verschwind du dumme Spatz!

Zuem Meisli meint si obeabe:
Gang di go neume anderscht labe.
Dä Platz, dä duet mir do grad g'falle -
's isch de feißischte vo alle.

Gege dä schwarz Teufel hän fürbaß
de Spatz un 's Meisli gar kei Chance.
Si fliege ab zuem Mirabellebaum
un denke - us, vorbei de Traum

vom e guete Fuederplätzli
für e Meisli un e Spätzli.
'S isch zum Federeverbiege
immer dien die Große siege.

Die dien die feiße Happe schnappe,
de Chleine all uf d'Zeche dappe
un spotte au no obedri;
duet's bi uns Mensche anderscht si?

Chinder, Chinder

Chinder sin wie Früehligssunne,
unser Herz hän si gli g'wunne.
Mit ihrem Witz un ihrer Freud
hän si 's Lache in is g'streut.

De " neu" Vadder

'S isch Jänner un saumäßig chalt,
de Vadder mueß zum Kurufenthalt.
Im Sunndigsplunder -früsch rasiert -
isch er mimm Küfferli devo spaziert.

Vier Wuche spöter sin mr froh;
de Vaddi duet hüt wieder cho.
Am Basler Bahnhof lueg i umme -
Wo isch mi Ma? Wo blibt er numme?

Do rüeft de Markus: " Mutti, he,
chumm schnell i ha de Vaddi g'seh!"
Uf mi zue chunnt mi liebe Ma
un duet e rechte Vollbart ha.

Die Überraschig, die isch g'lunge,
kei Tönli het er devo g'sunge
in sine Brief un sine Charte -
un mir dien uf e " glatte " Vaddi warte.

E Mensch het druf zum Markus g'meint:
Jä sag, hesch au di Vaddi g'chennt?
Do sait des Bürschli - 's isch nit g'loge -
am Gsicht nit, aber am Tschobe!

'S Rainerli un d`Suurchruttstande

'S Rainerli isch bös gsi,
's het halt nit folge welle,
drum duet en d'Mueder
in finschtere Cheller stelle
un sait: "Do blibsch,
bis de wieder gattig bisch!"

'S Rainerli griint
e bizzeli vor sich ane
un motscht:
"Die böesi, bösi Mamme."
Aber deno kriegt
de Spitzbueb d'Oberhand
un 's Rainerli denkt:
Wartet numme alli mitenand.

'S Teufeli tribt en
zue de Suurchruttstande
dört will er gli
si Rachewerkli lande.
Er ruumt de Stei
un d'Bretter abe
un duet im Suurchrutt
d'Füeßli bade.
Er juchtzget un lacht
un duet vo dene Schlempe
au no in d'Hosedäsche henke.
Un an d'Tschoobe
un an d'Höörli,
jeggerli, isch des e Möhrli.

Wo nen d'Muetter hohle will,
stoht'ere fascht Pumbi still,
denn si sieht de chleine Tropf
z'mitte drin im Suurchruttopf.

Un die Moral vo dere Gschicht:
Sperr in Cheller d'Chinder nit.
Bsunders nit, wenn die Trabande
in de Suurchruttstande lande.

Arteschutz

De Oliver dä Stumpe,
dä loßt sich nit lumpe,
baut z'mitts in de Garte
e mordsgroße Gumpe.

Z'erscht due i mi wehre -
no loß mi belehre:
Dä Weiher muesch ehre,
daß d'Arte sich mehre.

Jetz git's, ohni g'loge,
all Arte vo Schnooge,
die dien ohni Froge
mi saumäßig ploge.

De chlei Unterschied

'S Anneli, vier Johr duet's si,
steckt 's Näsli au in alles dri;
saußt umme wie e g'ölte Blitz
un isch e rechte Wunderfitz.

Derzit mueß es immer froge,
öbbis duet's gar grüüßli ploge:
Es ahnt, un seis au no so chlei,
vo Mensch un Tier git's zweuerlei.

Es nervt halt alli um ihns umme
un jedem duet de Mölli brumme:
Chömmet, saget mir jetz weidli,
sin des Buebe oder Maidli?

Wüsse will's, du lieber Scholli,
isch des Chätzli dört e Rolli?
Isch des Gitzeli e Böckli?
Sieht me des an sine Löckli?

Wieso git's Eber, worum Mohre?
Allewil spitzt's sini Ohre,
forscht, un würd debi nit müed,
nonem chleine Unterschied.

Doletschti aber, in de Nacht,
do het's die Entdeckig g'macht:
Mensch Oma, brüellt's, jetz weiß i gnueg,
de Opa isch jo au e Bueb!

Schloflied

Eumeli, mi Meumeli,
chnuschper, chnapper, chnüsli,
träum e süeßes Träumeli
vom e Wolkehüsli.

Wolkehüsli roserot,
drüber Glitzersternli,
für mi Chindli isch's jetz spot,
het ganz müedi Ärmli.

Het zweu müedi Beinerli
un e schweres Chöpfli.
Schlof jetz, schlof mi Heinerli,
süeßes Lockechöpfli.

Wolkeflüemli decke di,
Engli dien di waagle.
Sunnestrahle wecke di,
darfsch no wieder gagle
uffem Nascht am Birebaum
un jetz träum e schöne Traum.

Engelifliege

Engeli, mi Bengeli,
wart i due di kriege.
Engeli, mi Bengeli,
chumm mr göhn go fliege.
Eimol uffe, eimol ab
un deno z'ringsumme.
Engeli, mi Bengeli,
no duet's Chöpfli brumme!

Großzügig

De Markus, unsre Augestern,
dä het halt Zibebe gern.
Er duet bettle, er duet froge
un si Oma grüüßli ploge:
" Oma, chumm bi nit eso,
i gib im Opa au devo!"

D'Oma duet letschtendlich wanke,
denn si het e Herz us Anke.
Nei, des Bürschli soll nit faschte,
also längt si ussem Chaschte
halt e Hämpfeli Rosine.
De Bueb isch z'friede - will's mr schiine.

Er mampflet weidli vor sich ane.
De Opa duet si Ateil mahne
un sait: " Du chleine Stumpe, he,
du hesch mr doch au welle geh.
Ich alte Opa, ich hock do,
witt du mi denn verhung're loh?"

" Nei!" sait do dä Augestern,
Opali i ha di gern!"
De Guetschick suecht mit spitze Finger
's chleinschte us vo dene Dinger,
er hebt's im Opa hi - no chräiht dä Grabb:
" Do Opa, chumm, biß halt emol ab!"

Jetz werde si Erwachse

I mein si sig no garnit witt,
selli liebi, schöni Zit,
wo d'Buebe in de Strampelhose
minem Wiegelied dien loose.

Spöter hän si d'Öhrli g'spitzt
bis e Chinderliedli sitzt.
Piepsig hän die Stimmli g'klunge,
hän si ihri " Schlager " g'sunge.

Doch si isch so witt, so witt,
selli liebi, schöni Zit;
denn us chleine Lockechöpfli
werde langsam Stupflegschöpfli.

Jetze chömme langi Lakkel
heim mit Maidli vom e Wackel
un me hört Trompete hörne,
wenn si d'Anlag uffe törne.

Jetz verrißt's eim 's Trummelfell
blärrt e Saxophon ganz hell.
Un es zitt're alli Muure
chunnt e Schlagzüg voll uf Toure.

Jo, des stampft un bebt un rockt,
daß's im Hirni obe blockt:
Müetterli, so goht's uf Erde -
jetz dien si erwachse werde!

Dichternöt

Es isch halt scho e Plogerei
mit de Verslimacherei:
Sott me schribe, will's nit go.
Wott me nit, duet alles cho!

Kia '92

Mi Pegasus

Mengmol wott i scho gern ritte
uf Pegasus, dem Dichterroß
un möcht sell Ungetüm gern bitte:
Chum hilf mir bi dem Dichte bloß.

Doch selle Gaul isch sölli eige,
wenn i au no so zärtlich bi -
er duet mir d'Hintersitte zeige
un Museschmützli krieg i nie.

Er fliegt devo - loßt sich nit griffe
un gingt no mit de Hinterhand,
verlege due i Liedli pfiffe -
mi Chopf isch leer un au mi Hand.

Ihn zieht es zue de Dichterfürschte,
er het für unsereins kei Zit,
debi det i nem d'Mähne bürschte
un brecht'em au no Hafer mit.

Doch mit so Sache, so profane,
loßt sich de Pegasus nit i,
do det er sicher recht bal lahme
un bloß e Chläppermähre si.

So loß'in halt mit schwerem Herze
in höchschti Höche uffezieh,
due witter an mim Schriebtisch bärze
un darf wohl nie e Dichter si.

Rhytmusstörige

Mimm Versli mache isch's e Sach;
ganz egal wie is au mach,
öb mit bedacht - öb ziemlich flüchtig,
meischtens sin si nit ganz richtig.

I weiß was in de Büecher stoht
un krieg au manche guete Rot;
i due mi nit degege wehre,
d'Versli solle 's Laufe lehre.

Uf Versfüeß sotte si halt stoh,
doch mini dien am Stegge goh.
Statt daß si d'Chraft vom Rhytmus trinke,
dien si lahm dur d'Gegend hinke.

Doch wie scho g'sait: des isch e Sach;
I würd halt immer wieder schwach
un due so bim Gedichtli g'schtalte
immer geech denebe halte.

Lueg, 's Dichte isch vo so ungefähr,
nit ummesunscht so chaibe schwer.
Die Chunscht verlangt halt e Genie -
do stand i machtlos vis a vis.

Nomeh Dichternöt

Wenn i denk i bi e Meischter
ha i an de Füeß bloß Chleischter,
ha im Chopf bloß deigi Babbe;
's Versli mache will nit klappe.
D'Gedanke fliege all devo -
i sott 's Dichte blibe loh.

Stuck für Stuck
e bizzeli Form
un lehr is nit hüt,
so lehr is halt morn.

Due i mol e Ifall ha
schrieb in schnellschtens uf e Zettel.
Doch chunnt nütmeh hintedra -
ohni Furtgang isch dä Bättel.
Mi'n Gedanke sin am End
un uf Papier stoht e Fragment.

I cha nüt me denke,
mi Chopf dä isch leer,
doch grad, paradox,
deno ischer schwer.
Lauft aber 's Denke
un 's git e Gedicht,
no isch mi Mölli
wie e Federe licht!

Allwil z'Nacht

Mengmol frog i - mengmol denk i
un deno, no henk i:
'S chunnt mr eifach nüt in Sinn -
e leere Mölli bringt kei Gwinn.
Nit an Kultur, nit an Monete
un 's Selbschtbewußtsi goht au flöte.

'S wiiß Blättli lueg i hilflos a
un stier in Kaffi nebedra.
'S duet niene au e Funke geh,
i füehl mi grad - o jemine -
wie öbber wo kei Bode het
un flücht ganz schnell ins warme Bett.

Sinnierend lieg i deno wach,
de Rege tschepperet ufs Dach.
I drohl mi her un drüll mi hi -
do fallt mr plötzlich alles i,
was i scho längschtens sage möcht:
De Pegasus verlangt si Recht!

Worum denn allwil in de Nacht,
wo mir des soviil z'schaffe macht.
I bi doch müed, i bi doch deig
un schrib mim Schlofbedürfnis z'leid.
Viil lieber wer mir - Gottfriedstutz -
doch untertags de Museschmutz!

"Rekultiviere"

Hütte duet's gar mengmol batte:
Uf de Erde - nüt wie Schnatte.
Dört e Kahlschlag, do e Duele
wo Raubefahrzüg ummenuele.
Ödi Stelle - Trümmerhalde -
warte, daß me's neu duet g'schtalte.

Wenn me d'Neuzit au verteidigt;
's Menscheaug, des isch beleidigt.
Im Hinterchopf do warnt e Stimm:
Goht's so witter, no würd's schlimm.
Arm würd d'Erde - wie de Mond,
öb sich do no 's Menschsii lohnt?

'S hän scho viili - ohni g'loge -
fescht am Notbremshebel zoge.
Me forschtet uf - rekultiviert,
daß grüen die plutti Erde ziert.
Duet Pflänzli - Sömli glich verteile,
daß alli Erdewunde heile.

Ich aber denk: Isch nit emend
au unsri Sprooch e Trümmergländ?
Die fremde Iflüß nodeno
die hän e Wüesti hinterloh.
De Muetterbode dä duet fehle
un me duet sich "Neudütsch" quäle.

Au do sait uns e Stimm, ganz inne,
Mensch, due di an d'Wurzle b'sinne.
'S isch 's heere Menschsii, des wo stirbt,
wenn d'Sprooch kaputt goht un verdirbt.
Drum sott me jetzt kei Zit verliere
un schnellschtens d'Sprooch "rekultiviere".

Zuem Schluß

Versli sin wie Chinder:
'S Herzbluet hangt dra
un me loßt's schwer go.
Aber me freut sich,
wenn si g'rote sin.
Bi de Chinder weiß is -
bi de Versli hoff is!

Inhaltsverzeichnis